LAS ROCAS

FÓSILES

RICHARD Y LOUISE SPILSBURY

Chicago, Illinois

www.heinemannraintree.com
Visit our website to find out
more information about
Heinemann-Raintree books.

To order:

☎ Phone 888-454-2279

💻 Visit www.heinemannraintree.com
to browse our catalog and order online.

Edited by Louise Galpine and Diyan Leake
Designed by Victoria Allen
Illustrated by Geoff Ward and KJA artists
Picture research by Hannah Taylor
Originated by Capstone Global Library Ltd
Printed and bound in China by CTPS
Translation into Spanish by DoubleOPublishing Services

15 14 13 12 11
10 9 8 7 6 5 4 3 2 1

Library of Congress Cataloging-in-Publication Data
Spilsbury, Richard, 1963-
[Fossils. Spanish]
Fósiles / Richard y Louise Spilsbury.
p. cm. -- (Las rocas)
Includes bibliographical references and index.
ISBN 978-1-4329-5650-9 (hardcover) -- ISBN 978-1-4329-
5658-5 (pbk.)
1. Fossils--Juvenile literature. I. Spilsbury, Louise. II. Title.
QE714.5.S64618 2011
560--dc22
                                    2011009780

Acknowledgments
The author and publisher are grateful to the following for
permission to reproduce copyright material: Alamy Images
p. **11** (© Tom Bean); © Capstone Publishers pp. **28** (Karon
Dubke), **29** (Karon Dubke); Corbis pp. **4** (epa/Wu Hong),
5 (Layne Kennedy), **15** (Xinhua Press/Xinhua/Xu Chaoyang),
23 (Science Faction/Louie Psihoyos), **25** (Science Faction/
Louie Psihoyos); Florida Museum of Natural History
p. **9** (Jason Bourque); Getty Images pp. **10** (AFP Photo),
16 (Howard Grey); Photolibrary pp. **6** (Reinhard Dirscherl),
7 (Gerald Hoberman), **13** (Oxford Scientific/Paul Kay),
17 (Peter Arnold Images/Fred Bruemmer), **20** (Britain on
View/Joe Cornish), **21** (Robert Harding/C. Black), **22** (Enrique
Algarra); Science Photo Library pp. **8** (Bernhard Edmaier),
27 (Dirk Wiersma).

Cover photograph of a dinosaur exhibition in Edmonton,
Canada, reproduced with permission of Getty Images
(Grant Faint).

We would like to thank Dr. Stuart Robinson for his invaluable
help in the preparation of this book.

Every effort has been made to contact copyright holders of
any material reproduced in this book. Any omissions will
be rectified in subsequent printings if notice is given to
the publisher.

Disclaimer
All the Internet addresses (URLs) given in this book were valid
at the time of going to press. However, due to the dynamic
nature of the Internet, some addresses may have changed, or
sites may have changed or ceased to exist since publication.
While the author and publisher regret any inconvenience this
may cause readers, no responsibility for any such changes can
be accepted by either the author or the publisher.

CONTENIDO

Las profesiones y las rocas

Averigua sobre el trabajo vinculado con el estudio de las rocas.

Consejo de ciencias

Fíjate en nuestros interesantes consejos para saber más sobre las rocas.

¡Cálculos rocosos!

Descubre los números asombrosos del mundo de las rocas.

Biografía

Lee sobre la vida de las personas que han realizado descubrimientos importantes en el estudio de las rocas.

Algunas palabras aparecen en negrita, **como éstas**.
Puedes averiguar sus significados en el glosario de la página 30.

¿QUÉ SON LOS FÓSILES?

Los fósiles son los restos de plantas y animales que vivieron hace millones de años. Estos restos habitualmente se **preservan** en las rocas.

Algunos fósiles son partes individuales del cuerpo, como caparazones, dientes y huesos. Otros fósiles son los cuerpos completos de árboles y otros seres vivos. También hay muchos fósiles de cosas que los animales dejaron, como excrementos, huevos y huellas.

Los científicos usan huesos fósiles para armar réplicas a tamaño real de animales antiguos, como los dinosaurios.

¡Cálculos rocosos!

Es posible que el 99 por ciento de todos los tipos de animales que alguna vez vivieron sobre la Tierra estén **extintos**. La única manera de aprender sobre ellos es examinar los fósiles obtenidos de las rocas.

FÓSILES FASCINANTES

Como durante la mayor parte de la larga historia de la Tierra no hubo registros escritos, los fósiles proporcionan pistas muy importantes sobre el pasado de nuestro planeta. Al estudiar los fósiles podemos averiguar cosas sobre las plantas y los animales que vivieron hace mucho tiempo. Por ejemplo, algunos fósiles de esqueletos de caballos revelan que estos animales eran mucho más pequeños que los caballos actuales, y que en cada pata tenían tres dedos en lugar de cascos.

Biografía

En 1667, el científico danés Niels Stenson, o "Steno" (1638–1686), se encontraba examinando un tiburón gigante cuando se dio cuenta de que los dientes del animal se parecían a las rocas de forma triangular que las personas llamaban lenguas de piedra. Steno se convirtió en la primera persona en explicar cómo las piezas como los dientes podían convertirse en fósiles dentro de las capas de roca, las cuales a su vez se formaban lentamente con el paso del tiempo.

Al comparar fósiles de dientes con los dientes de los tiburones modernos, los científicos descubrieron que el tiburón antiguo más grande medía más de 12 metros (39 pies) de largo. ¡Eso es casi tan largo como un autobús!

¿QUÉ SERES VIVOS SE CONVIRTIERON EN FÓSILES?

Los primeros seres vivos que se convirtieron en fósiles fueron las **bacterias**. Hace dos mil millones de años, grupos de estas criaturas diminutas parecían alfombrillas de fango sobre la superficie caliente y burbujeante de los océanos. Hace alrededor de mil millones de años, en las aguas poco profundas y en las costas también había plantas primitivas llamadas algas.

LOS PRIMEROS ANIMALES MARINOS

Los fósiles de animales marinos más antiguos que se hayan descubierto pertenecen a **invertebrados** de cuerpos blandos, como esponjas, medusas y gusanos marinos, que vivieron hace 600 millones de años. Después, algunos invertebrados desarrollaron caparazones como protección. Uno de los más conocidos son los **ammonoideos**, con caparazón en forma de espiral, que aparecieron por primera vez hace 415 millones de años. Los **amonites** son un suborden de los ammonoideos. El fósil de amonites más grande que se haya descubierto tiene 1.5 metros (5 pies) de un extremo a otro. ¡Es tan grande como la rueda de un camión!

Los amonites están **extintos**, pero este nautilo muestra qué aspecto podrían haber tenido cuando estaban vivos.

LOS PRIMEROS PECES

Los primeros peces vivieron en el mar hace alrededor de 450 millones de años. Nacieron como criaturas que chupaban alimento del lecho marino. Después aparecieron peces óseos que tenían mandíbulas y dientes. El *dunkleosteus* vivió aproximadamente hace 380 millones de años. Los fósiles indican que este monstruo medía 10 metros (32 pies) de largo y, gracias a su mandíbula dentada y ósea, su mordida era más fuerte que la de cualquier otro pez que haya existido.

Las profesiones y las rocas

Los **paleontólogos** son detectives del tiempo. Buscan rocas que contengan fósiles y excavan sitios para explorarlos. También limpian, reparan, reconstruyen e identifican fósiles en todo el mundo.

En 1938, unos pescadores atraparon cerca de la costa de Sudáfrica un pez con un aspecto tan extraño que lo enviaron a un museo. Este **fósil viviente** era un celacanto, un pez que los paleontólogos creían extinto. Tiene el mismo aspecto que tenía hace 360 millones de años.

LA VIDA EN LA JUNGLA

Las plantas comenzaron a crecer sobre la tierra hace alrededor de 400 millones de años. Hace unos 300 millones de años, existían junglas cálidas y húmedas. A partir de los fósiles de hojas hallados en rocas, sabemos que algunos helechos antiguos alcanzaban los 15 metros (casi 50 pies) de alto, y que las plantas de la familia de los diminutos musgos de la actualidad alguna vez tuvieron una altura de 40 metros (130 pies).

Observando los fósiles hallados en las rocas de la misma época, también sabemos que muchas criaturas vivían en esas junglas. Había insectos pequeños parecidos a los de la actualidad, como escarabajos y moscas. También había milpiés de 2 metros (6 pies) de largo que se desplazaban por el suelo del bosque y libélulas gigantes en vuelo.

Sabemos cosas sobre las plantas primitivas a partir de árboles fosilizados como el que se ve en la imagen. La madera de estos antiguos árboles fue reemplazada gradualmente por **minerales**, que los convirtieron en roca.

FUERA DEL AGUA

Los fósiles de los animales terrestres primitivos, como los *Ictiostega*, sugieren que estaban emparentados con los peces. Los *Ictiostega* tenían cabeza y cola como los peces, pero tenían patas para desplazarse sobre la tierra. Un **anfibio** primitivo, el *Diplocaulus*, tenía un aspecto particularmente extraño, pues su cabeza era triangular. Los **reptiles** que luego vivieron sobre la tierra, como las serpientes, eran más parecidos a los reptiles actuales, pero más grandes. El cocodrilo más grande tenía 15 metros (50 pies) de largo.

Consejo de ciencias

En el siglo XIX, las personas creían que los fósiles de las cabezas de los reptiles marinos... ¡pertenecían a los dragones marinos! De hecho, estos eran animales como los ictiosauros, que se parecen a los delfines, y los plesiosauros, que tenían cuellos muy largos.

Los fósiles de la serpiente más grande jamás hallada sugieren que alcanzaba los 13 metros (42 pies) de largo y que pesaba 1,135 kilogramos (2,500 libras). Esta serpiente era más larga que un autobús y más pesada que un carro. ¡Ay!

DINOSAURIOS

Hace aproximadamente 230 millones de años, **evolucionó** un grupo nuevo de reptiles: los dinosaurios. Los dinosaurios existieron durante 165 millones de años y hubo cientos de tipos. Algunos de ellos, como los *Diplodocus*, eran gigantescos comedores de plantas con cuellos largos para alcanzar las hojas de las copas de los árboles. El anquilosaurio estaba fuertemente acorazado con una cola en forma de garrote para defenderse de los predadores. El tiranosaurio es uno de los dinosaurios **predadores** más famosos.

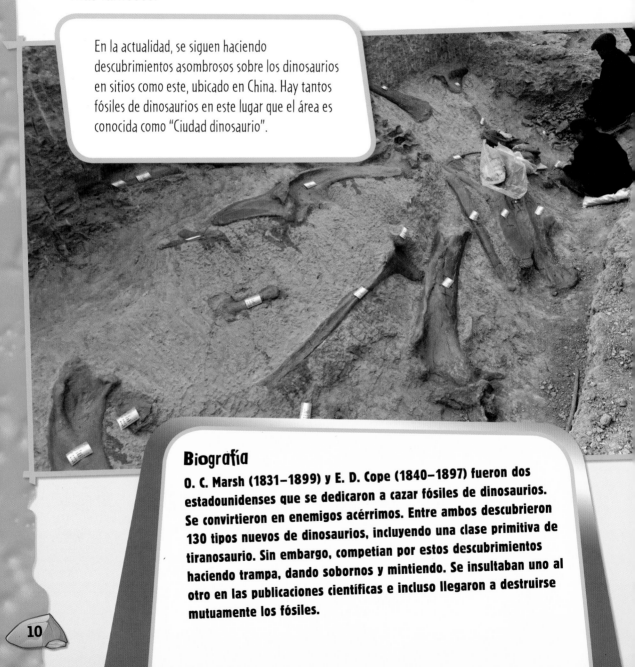

En la actualidad, se siguen haciendo descubrimientos asombrosos sobre los dinosaurios en sitios como este, ubicado en China. Hay tantos fósiles de dinosaurios en este lugar que el área es conocida como "Ciudad dinosaurio".

Biografía

O. C. Marsh (1831–1899) y E. D. Cope (1840–1897) fueron dos estadounidenses que se dedicaron a cazar fósiles de dinosaurios. Se convirtieron en enemigos acérrimos. Entre ambos descubrieron 130 tipos nuevos de dinosaurios, incluyendo una clase primitiva de tiranosaurio. Sin embargo, competían por estos descubrimientos haciendo trampa, dando sobornos y mintiendo. Se insultaban uno al otro en las publicaciones científicas e incluso llegaron a destruirse mutuamente los fósiles.

AVES

El primer fósil de un animal similar a un ave data de 150 millones de años y brinda evidencia de cómo se desarrollaron las aves. El esqueleto fósil del *archaeopteryx* tiene una cola, garras y dedos como un reptil, pero hay rastros de plumas. Esto llevó a los **paleontólogos** a creer que las aves modernas están emparentadas con los reptiles.

MAMÍFEROS

Los primeros **mamíferos** eran animales pequeños que se alimentaban de insectos, y que eran bastante semejantes a la musaraña de la actualidad. Vivieron hace aproximadamente 200 millones de años. Desde hace alrededor de 65 millones de años, se desarrollaron muchos mamíferos nuevos, como los caballos, los murciélagos, las ballenas y los **primates**. Algunos siguen viviendo hasta nuestros días, pero muchos de ellos, como el tigre dientes de sable que vivió hace alrededor de 10,000 años, se han extinguido.

Este fósil de *archaeopteryx* fue descubierto en Alemania y tiene 145 millones de años. Cuando estaba vivo, este animal parecido a un ave tenía aproximadamente el tamaño de un cuervo.

¿CÓMO SE FORMARON LOS FÓSILES?

Los **amonites** y una gran cantidad de otras criaturas han sido descubiertas en forma de fósil. ¿Pero cómo se formaron estos fósiles? La mayoría de los fósiles se forma a lo largo de un período muy largo de tiempo, a medida que animales y plantas quedan enterrados bajo el lodo y la arena y lentamente se convierten en roca.

CONVERTIRSE EN ROCA

La mayoría de los fósiles se formó bajo del mar. Por ejemplo, cuando un **amonites** muerto se hundía al lecho marino, las partes blandas de su cuerpo se descomponían rápidamente. El caparazón era enterrado de manera gradual por capas de arena o **sedimento**. Con el paso del tiempo, el agua se filtraba en el caparazón y los **minerales** del agua reemplazaban a los minerales del caparazón. Estos minerales finalmente se convertían en roca dura y tomaban la forma exacta del caparazón del amonites, formando así el fósil.

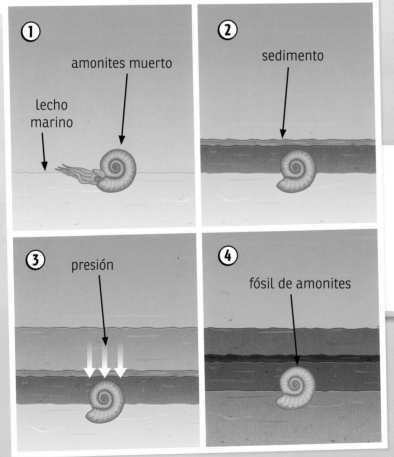

① amonites muerto
lecho marino

② sedimento

③ presión

④ fósil de amonites

Así se formaron muchos fósiles de amonites. Recuerda, este proceso tomó cientos de miles de años.

DATOS DUROS

Hay muchos fósiles de amonites, pero apenas un porcentaje bajísimo del enorme número del resto de los animales primitivos se convirtió en fósiles. Varias cosas pueden evitar que se forme un fósil. Los animales que no tienen huesos se descomponen rápidamente y no quedan partes duras que se puedan convertir en fósiles. Los restos sin vida se descompondrán o serán comidos por otros animales si los sedimentos no los entierran relativamente rápido. Algunos restos se dañan cuando el sedimento se acumula. Por ejemplo, los huesos de las aves son frágiles y livianos y a menudo se desintegran antes de convertirse en fósiles.

¡Cálculos rocosos!

En la actualidad, hay alrededor de 300 tipos de pulpos, pero se han hallado apenas 5 fósiles de pulpo.

Muchos de los fósiles que descubrimos son de animales marinos que tenían caparazón. El caparazón de este amonites fue reemplazado por un mineral que le da un aspecto metálico.

VESTIGIOS FÓSILES

Los **vestigios fósiles** son marcas, como huellas, huevos, excremento y madrigueras, dejados por animales **prehistóricos**. Los vestigios fósiles se forman en la roca de una manera similar que los demás fósiles. Por ejemplo, las huellas de un dinosaurio que quedaron enterradas bajo arena o lodo, se endurecieron y se convirtieron en fósiles cuando se transformaron en roca. Los rastros dejados por los animales de cuerpo blando pueden ser los únicos registros que tengamos de su existencia.

Consejo de ciencias

Cuando estés en la playa o cuando camines por el lodo, intenta dejar un rastro. Piensa en cómo se movía un animal antiguo. ¿Qué distancia dejaría entre una huella y la siguiente? Si nada ni nadie toca tus huellas, ¡quizás también se conviertan en fósiles en millones de años!

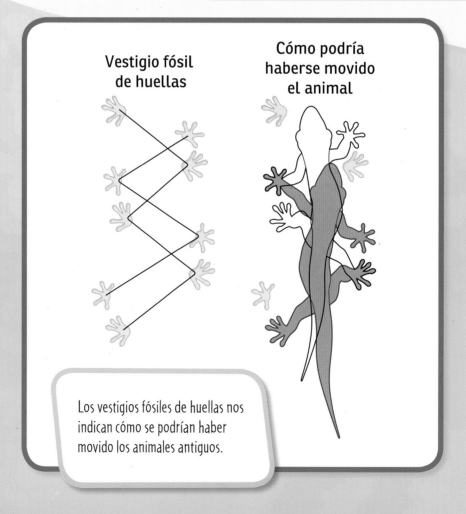

Vestigio fósil
de huellas

Cómo podría
haberse movido
el animal

Los vestigios fósiles de huellas nos indican cómo se podrían haber movido los animales antiguos.

INSTANTÁNEAS DE LA VIDA

Los vestigios fósiles son emocionantes porque indican cómo vivían los animales antiguos. Por ejemplo, los restos como semillas o huesos en los fósiles de excrementos muestran cómo se alimentaban los animales. Los fósiles de madrigueras revelan los caminos que ciertos animales, como los gusanos, recorrían para buscar alimento. Los vestigios fósiles son más fáciles de hallar porque un animal puede dejar muchos rastros a lo largo de su vida.

Biografía

En la década de 1970, el paleontólogo estadounidense Jack Horner (nacido en 1946) descubrió un nido de dinosaurios en Montana, con fósiles de huevos, crías y dinosaurios adultos a su alrededor. Esto probó que algunos dinosaurios vivían en grupo y cuidaban de sus crías en comunidad. Vemos este lado solidario de los dinosaurios en la película Jurassic Park, porque Horner asesoró a los cineastas.

Estos fósiles de huevos de dinosaurio fueron descubiertos en 2009 por los trabajadores en una obra en construcción en China.

FÓSILES POCO COMUNES

Los fósiles como los amonites son restos animales convertidos en roca. Algunos fósiles son los verdaderos animales antiguos. La **resina** del pino es muy pegajosa. En ocasiones, cuando rezume por el tronco del árbol, puede atrapar insectos, arañas o incluso ranas.

A medida que la resina continúa fluyendo, terminará por cubrir por completo al animal. Cuando la resina se seca y se endurece, se convierte en ámbar. Los animales que fueron atrapados por la resina hace miles de años han sido **preservados** perfectamente en el ámbar. Los **paleontólogos** pueden estudiar ahora estos fósiles.

Consejo de ciencias

Si conoces a alguien que tenga joyas de ámbar, toma una lupa y fíjate si puedes ver restos diminutos de insectos antiguos en el ámbar.

Algunos fósiles de insectos están tan bien preservados en el ámbar que puedes ver hasta el más mínimo detalle, desde sus diminutos ojos hasta los pelos sobre las patas.

ATRAPADOS EN ALQUITRÁN

En La Brea, California, hay pozos de alquitrán negro y espeso donde los paleontólogos han hallado huesos de animales **extintos**, como el tigre dientes de sable. Estos animales eran felinos enormes con colmillos de 17 centímetros (casi 7 pulgadas) de largo. Cuando los animales caminaban sobre estas piletas de aceite natural, rápidamente quedaban pegados y se hundían en el alquitrán, que preservó perfectamente sus huesos.

CONGELADOS EN EL TIEMPO

Fósiles enteros de los lanudos mamuts se han descubierto en la fría región de Siberia, al norte de Asia. Al pisar hielo demasiado delgado, estos animales cayeron en aguas heladas, donde murieron congelados y quedaron petrificados. Miles de años más tarde, se hallaron sus restos, que fueron preservados por el hielo en lugar de convertirse en piedra como los demás fósiles.

El pelo greñudo del mamut lo mantuvo caliente durante los períodos en los que gran parte de la Tierra estaba cubierta por el hielo.

¿DÓNDE HALLAMOS FÓSILES?

Las personas descubren fósiles en todo el mundo, pero a veces hay sorpresas. Por ejemplo, en zonas que actualmente son frías se han descubierto fósiles de plantas y animales que normalmente vivían en zonas cálidas. Una razón que explica esto es que el clima ha cambiado en distintas partes del planeta. Otra razón es que la tierra se mueve.

LA TIERRA EN MOVIMIENTO

La roca que forma la superficie de la Tierra se denomina **corteza**. Esta corteza se ha fragmentado en algunos lugares, formando piezas gigantescas que se llaman **placas tectónicas**. Las placas de la corteza flotan sobre una capa gruesa de roca caliente denominada **manto**. El manto se mueve muy despacio y, con el paso de millones de años, ha movido a los **continentes** y a los fósiles que se encuentran dentro de ellos.

Los fósiles prueban que en la Antártida crecieron árboles y helechos hace 235 millones de años. Después, el clima cambió, los continentes se movieron y la Antártida se desplazó hacia el Polo Sur.

Hace 235 millones de años

Hace 150 millones de años

Presente

¿DÓNDE HALLAMOS AMONITES?

Otra sorpresa es que los **paleontólogos** han hallado muchos fósiles de **amonites** y de otros animales marinos en la cima del Himalaya, las montañas más altas de la Tierra. Las rocas donde alguna vez se formaron estos fósiles estuvieron bajo un océano. Después, las placas tectónicas empujaron una contra la otra y algunas partes de la corteza terrestre fueron forzadas hacia arriba. Esto formó las montañas, elevando las rocas desde el lecho marino hasta una gran altura sobre del nivel del mar.

¡Cálculos rocosos!

Los amonites se encuentran en rocas de toda clase de lugares. Esto se debe a que estuvieron millones de años (desde hace alrededor de 415 millones de años hasta hace 65 millones de años) nadando en todos los océanos del mundo.

①

mar

sedimento que contiene animales muertos

placa

una placa empuja por debajo de otra placa

②

se forma capas de roca sedimentaria a medida que las placas se empujan mutuamente

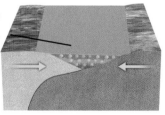

③

los límites de las placas y la roca sedimentaria que se encuentra en la parte superior se pliegan y forman montañas

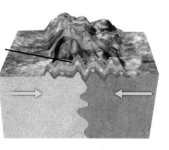

Cuando las placas tectónicas chocan, la piedra que se encuentra en el fondo del mar puede ser forzada a subir por encima de la superficie, para formar montañas.

SALIR A LA SUPERFICIE

Puede haber fósiles en todas partes, pero si la mayoría está enterrada en el interior de las rocas, ¿cómo hacen las personas para hallarlos? A veces las personas descubren amonites y otros fósiles cuando se excava una **cantera** o una mina, pero la mayor parte de los fósiles sale a la superficie como consecuencia del proceso de **desgaste**.

El desgaste es el modo en que las rocas de la superficie terrestre se ven afectadas de manera constante por el viento, la lluvia y el hielo. Por ejemplo, el agua que se filtra en las grietas de las rocas se expande cuando se congela. Cuando se agranda, el hielo empuja y separa los granos de **minerales** que forman las rocas. Los fragmentos sueltos de las rocas que se parten son arrastrados por la lluvia, el viento y el agua. Esto se denomina **erosión**.

Con el paso de millones de años, el desgaste y la erosión van afectando las rocas y revelan los amonites y otros fósiles que se encontraban por debajo de la superficie.

LAS ROCAS CORRECTAS

Para hallar amonites y muchos otros fósiles, deben buscar en las **rocas sedimentarias**. Las rocas sedimentarias se forman a partir de capas de **sedimento**. Con el paso de millones de años, las capas superiores aplastan a las capas inferiores, escurriendo toda el agua hasta que las capas quedan adheridas y se convierten en una roca.

EL CICLO DE LA ROCA

Todas las rocas de la Tierra, incluyendo la roca sedimentaria, están cambiando de manera constante en el **ciclo de la roca**. La roca ígnea se forma a partir del **magma**, el líquido caliente que sale de los **volcanes** en erupción. A través del desgaste y la erosión, la roca ígnea se parte y forma sedimento, que finalmente forma roca sedimentaria. Cuando las capas profundas de roca sedimentaria son calentadas por el magma y comprimidas por otras capas de roca, se convierten en roca metamórfica. Bajo condiciones de calor extremo, la roca metamórfica a menudo se derrite. De esta manera, vuelve a iniciarse el ciclo de la roca.

Muchos fósiles se encuentran en rocas sedimentarias como estas.

¿CÓMO SE IDENTIFICAN LOS FÓSILES?

La roca se desmorona y revela el contorno de un fósil. ¿Qué tipo de animal has hallado?

Una manera de identificar los fósiles que descubres es compararlos con imágenes de fósiles similares en libros o en la Internet. También puedes comparar tus descubrimientos con seres vivos, para ver qué semejanzas y diferencias existen. Cuando los **paleontólogos** descubren un fósil nuevo, pueden ponerle nombre ellos mismos. Por ejemplo, un paleontólogo que descubrió el fósil de un **primate** lo llamó "Ida" porque así se llamaba su hija.

Si hallaras un fósil, ¿cómo lo identificarías?

Biografía

Cuando falleció su padre, Mary Anning (1799–1847) se convirtió en cazadora de fósiles para ganar dinero. Salía rápido a buscar fósiles después de las tormentas que provocaban deslizamientos de tierra y dejaban fósiles nuevos al descubierto. Mary vendió cientos de fósiles, incluyendo el primer ictiosaurio.

FÓSILES FALSOS

Los paleontólogos también tienen que aprender a identificar fósiles falsos. Algunas personas crean fósiles falsos uniendo pedacitos de fósiles diferentes o mezclando pegamento con suelo rocoso de otros fósiles para reemplazar partes faltantes. En 1953, se demostró que un fósil famoso de un simio parecido a un ser humano era un viejo cráneo humano pegado a la mandíbula de un orangután. Nadie sabe si Charles Dawson, quien halló el fósil en 1912, fue el responsable o la víctima del engaño.

Las profesiones y las rocas

Algunos paleontólogos verifican que los fósiles llevados a los museos no sean falsificaciones bien hechas. Usan equipos especiales de **rayos X** para ver el interior de los fósiles y descubrir dónde están unidas las piezas.

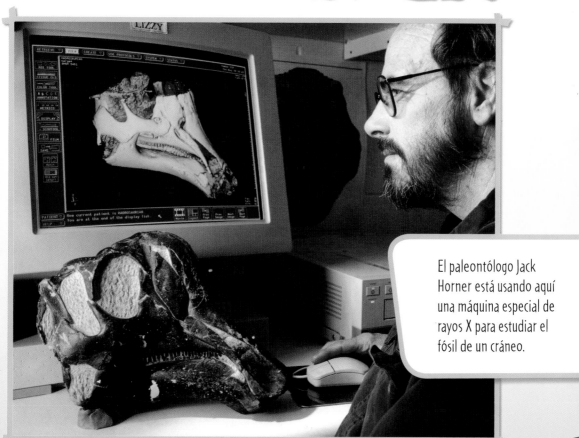

El paleontólogo Jack Horner está usando aquí una máquina especial de rayos X para estudiar el fósil de un cráneo.

DATAR FÓSILES

Para averiguar la edad de un fósil, puedes usar un **fósil guía**. Estos son fósiles de períodos conocidos de la historia que se encuentran por todo el mundo.

Los ammonoideos son buenos fósiles guía porque existieron distintos tipos con patrones diferentes en los caparazones. Cada uno de estos tipos vivió durante un período determinado. Por lo tanto, si encuentras un fósil de ammonoideos de cierto período, sabes que la roca donde lo hallaste, y cualquier otro fósil que se encuentre en esa roca, pertenecen aproximadamente a la misma época.

Estos son algunos de los ammonoideos que las personas usan como **fósiles guía**.

Las profesiones y las rocas

Con el paso del tiempo, ciertos tipos de elementos se convierten, a una velocidad fija, en otro elemento mediante un proceso denominado desintegración radiactiva. Midiendo qué cantidad de cada elemento se encuentra en la roca, es posible calcular la edad de la roca y del fósil que contiene. Este cálculo se denomina datación radiométrica.

Fósiles guía de ammonoide

Goniatitida
Cuándo vivió :
Hace 395–225 millones de años

Ceratitida
Cuándo vivió :
Hace 280–190 millones de años

Ammonitina
Cuándo vivió :
Hace 190–65 millones de años

CONVERTIRSE EN UN CAZADOR DE FÓSILES

Las playas situadas a los pies de los acantilados y las **canteras** son buenos sitios para buscar fósiles. Ve con un adulto o en una excursión organizada. Lleva un casco bajo los acantilados y siempre usa gafas protectoras cuando uses un martillo geológico para golpear rocas y partirlas.

Cuando descubras un fósil, dibuja un mapa sencillo del lugar donde lo hallaste. Observa en qué clase de roca se encuentra el fósil y si hay otros fósiles a su alrededor. Lleva guías de identificación de rocas y fósiles para ayudarte a identificar lo que descubras.

Consejo de ciencias

Para dar con **roca sedimentaria**, busca rocas que tengan capas horizontales, o bandas, de distintos colores. Luego raya la roca con algo duro. Normalmente se pueden rayar marcas sobre las rocas sedimentarias y la mayoría de ellas se desmorona fácilmente.

Los cazadores de fósiles usan una variedad de martillos y otros instrumentos cuando se encuentran en una excavación importante.

¿CÓMO USAMOS LOS FÓSILES?

Usamos los fósiles para datar rocas y para aprender sobre la historia de la Tierra, pero también para hacer funcionar carros y computadoras. La mayor parte de la energía que usamos en los medios de transporte y para generar electricidad se produce a partir de los combustibles fósiles carbón, petróleo y gas.

El carbón se formó a partir de plantas antiguas que se hundieron en lodo. Las capas de lodo se endurecieron, convirtiéndose en roca que aplastó los restos de plantas. El calor del interior de la Tierra convirtió los restos en carbón negro. El petróleo y el gas se formaron de una manera parecida, pero mayormente a partir de **plancton** y animales marinos que se hundieron en la arena.

Las profesiones y las rocas

Los **geólogos** especializados en petróleo estudian los fósiles para hallar petróleo. Existen ciertos **fósiles guía** diminutos que sólo se encuentran en rocas profundas que también contienen (o se encuentran por encima de) rocas que contienen petróleo. Los geólogos saben que están por descubrir petróleo cuando hallan estos "microfósiles".

Estas gráficas circulares muestran cómo usamos los distintos tipos de combustibles fósiles.

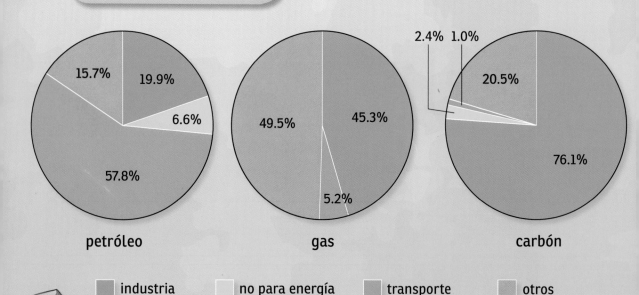

petróleo
15.7% 19.9% 6.6% 57.8%

gas
49.5% 45.3% 5.2%

carbón
2.4% 1.0% 20.5% 76.1%

□ industria   □ no para energía   □ transporte   □ otros

PROBLEMAS CON LOS COMBUSTIBLES FÓSILES

Los combustibles fósiles tardaron millones de años en formarse, pero los estamos consumiendo muy rápidamente. Cuando se agoten, no habrá más combustibles fósiles.

Quemar combustibles fósiles libera gases en el aire que contribuyen al **calentamiento global**, que está modificando los climas del mundo. Muchas personas dicen que deberíamos usar más fuentes **renovables** de energía, como energía solar (del Sol), en lugar de combustibles fósiles.

¡Cálculos rocosos!

Si seguimos usando combustibles fósiles a la tasa actual, el petróleo podría agotarse en menos de 40 años y el gas dentro de 50 a 150 años. El carbón podría agotarse dentro de los próximos 1,000 años. ¿Qué usarán entonces las personas para hacer funcionar sus carros y para generar electricidad?

Existe carbón con marcas de las hojas a partir de las que se formó.

¡HACER VESTIGIOS FÓSILES!

Algunos **vestigios fósiles** son creados cuando una forma, como por ejemplo una huella, hace presión sobre el lodo blando. La forma se llena de **sedimentos** como lodo, arena o cenizas de los **volcanes**, y luego se endurece y se convierte en roca con la forma de la huella.

MATERIALES:

- arcilla
- un envase vacío de margarina
- aceite vegetal
- yeso
- agua
- un tazón para mezclar
- caracoles o un modelo de dinosaurio de plástico

PROCEDIMIENTO:

1 Extiende un pedazo liso de arcilla del tamaño del envase de margarina. Coloca la arcilla en el fondo del envase.

2 Empuja los caracoles o los pies del dinosaurio de plástico sobre la arcilla, de manera que dejen una marca cuando los quites. Aplica una pequeña cantidad de aceite vegetal sobre la superficie del objeto para que no se pegue.

3 Mezcla el yeso con el agua en el tazón. Vierte esta mezcla en el envase de margarina para cubrir la arcilla. Esto actúa como el sedimento y el agua con que se llenaban las marcas antiguas. Da suaves golpecitos sobre los bordes del envase para nivelar el yeso y para remover las burbujas de aire.

4 Coloca el envase en un sitio fresco y deja que el yeso se seque durante uno o dos días, hasta que se endurezca.

5 Cuando esté duro y completamente seco, da vuelta al envase y vacíalo. Luego pela la arcilla de la "roca" de yeso. Deberías poder ver tu vestigio fósil en la roca.

GLOSARIO

ammonoideos criatura extinta que tenía un caparazón en espiral. Los ammonoideos más antiguos vivieron hace 415 millones de años.

amonites miembro de un suborden de ammonoideos que vivió hace unos 190–65 millones de años.

anfibio animal que puede vivir en el agua y sobre la tierra, como la rana

bacterias seres vivos simples y diminutos que viven en el agua, en el aire, en el suelo y en otros seres vivos

calentamiento global manera en que la temperatura de ciertas partes de la Tierra está aumentando

cantera sitio de donde se sacan grandes cantidades de roca de la tierra

ciclo de la roca formación, destrucción y reciclaje constantes de las rocas en la corteza terrestre

continente una de las grandes masas de tierra del planeta, como Europa, África o Asia

corteza capa rocosa de la superficie terrestre

desgaste fragmentación de las rocas debido a los factores climáticos, como las temperaturas extremas

elemento sustancia química más simple

erosión desgaste de las rocas producido por el agua que fluye, el viento y los glaciares

evolucionar cuando una planta o un animal se desarrollan y cambian gradualmente de una forma a otra

extinto cuando un tipo de planta o animal muere por completo y deja de existir

geólogo científico que estudia las rocas y el suelo que forman la Tierra

fósil guía fósil de una planta o animal que se sabe que ha vivido durante una época determinada

fósil viviente ser vivo que es igual a algo que de otra manera sólo se conocería a partir de los fósiles

invertebrado animal sin espina dorsal

magma roca fundida debajo de la corteza terrestre

mamífero animal que da a luz a bebés vivos (en lugar de poner huevos) y que puede alimentar a sus crías con leche de su propio cuerpo

manto capa muy profunda de roca ardiente debajo de la corteza terrestre

mineral sustancia que está presente de forma natural en la Tierra, como el oro y la sal

paleontólogo científico que estudia la vida prehistórica

placa tectónica una de las piezas gigantes en las que está fragmentada la corteza de la Tierra

plancton plantas y animales microscópicos que flotan en la superficie del océano

predador animal que caza, atrapa y come a otros animales

prehistórico perteneciente a la época de la historia anterior a la escritura

preservado mantenido en el mismo estado o condición durante mucho tiempo

primate grupo de mamíferos que incluye a los humanos, a los monos y a los simios

rayos X tipo de luz que puede atravesar objetos y permite ver su interior

renovable tipo de energía que se reemplaza de manera natural, de modo que nunca se agotará

reptil animal con piel escamosa que pone huevos protegidos por una cáscara

resina sustancia pegajosa producida por ciertos árboles

roca sedimentaria roca que se forma cuando pedazos diminutos de roca o el esqueleto o el caparazón de animales marinos se entierran y se comprimen bajo la tierra

sedimento capa de pedazos diminutos de roca o de caparazones, como la arena o el lodo

vestigios fósiles rastros dejados por los animales prehistóricos, como huellas, excrementos, huevos y madrigueras

volcán apertura en la superficie terrestre a través de la cual se escapa el magma desde las profundidades

APRENDE MÁS

LECTURA ADICIONAL

Graham, Ian. *Fossil Fuels* (Earth's Precious Resources). Chicago: Heinemann Library, 2005.

Infiesta, Eva, Tola, José. Átlas *básico de fósiles y minerales.* Barcelona: Parramón, 2004.

Pellant, Chris. *Rocas y fósiles.* Madrid: Edelvives, 2006.

SITIOS WEB

Aprende todo acerca de los fósiles en este sitio web, que incluye un mapa de buenos lugares para buscar fósiles:
www.fossilsforkids.com

Aprende a ser cazador de fósiles en este sitio web:
www.sdnhm.org/kids/fossils/index.html

LUGARES PARA VISITAR

American Museum of Natural History
Central Park West en 79th Street
New York, New York, 10024-5192
Tel: (212) 769-5100
www.amnh.org
Visita la enorme colección de fósiles del museo, que incluye dinosaurios.

The Field Museum
1400 S. Lake Shore Drive
Chicago, Illinois 60605-2496
Tel: (312) 922-9410
www.fieldmuseum.org
No te pierdas las exposiciones de fósiles, incluyendo al tiranosaurio "Sue".

ÍNDICE